ますだ まさよし

こころ

納得すれば前へ進める

推薦

村上 和雄（筑波大学名誉教授）

増田正義氏が平成十六年四月に出版された「ほっ」が大変好評で増版され、今回続いて「こころ」を出版されることとなりました。何ともうれしい限りです。

約五十年前、子どものころから増田氏とは知り合いで、今でも大変親しくしています。

私は現在、「心と遺伝子研究会」の代表を務めていますが、この研究で、吉本興業とジョイントイベントを始めました。遺伝子研究と吉本興業は一見全くミスマッチのようですが、そうではありません。科学は知的なエンターテインメントなのです。

そして、この研究から大変興味ある成果が生まれつつあります。まず、糖尿病患者さんの食後の血糖値の上昇が大学教授の講義により加速され、その上昇が笑いによって抑制されることを見いだしました。「薬の代わりにお笑いビデオ」という時代にしようと研究を継続中です。

さらに、笑いによってどの遺伝子がオンになり、どの遺伝子がオフになるかということが分かり始めました。遺伝子というと、一般にはイメージが固定的で、一生変わらないものと思われていますが、実はそうではないことが、最近の遺伝子研究で分かってきました。遺伝子の暗号は変わりませんが、遺伝子にはスイッチのようなものがあり、オンとオフは変わり得るのです。

その上、興味深いことに、十分働いていない遺伝子が多くあるのです。そうすると、働いていない遺伝子のスイッチをオンにすることができれば、私たちの可能性は大幅に向上することになります。大化けするかもしれません。

私は長年の遺伝子研究の中から、次のような説を唱えています。

「楽しみ、喜び、感動、感謝、祈りなどのよい思いは、よい遺伝子のスイッチをオンにする。苦しみ、悩み、不安、恐怖などの悪い思いは、悪い遺伝子のスイッチをオンにする」というものです。この私の説が「笑いの研究」によって突破口が開けそうで、大変喜んでおります。

今回出版された増田氏の「こころ」を読んで、この中には、よい遺伝子のスイッチをオンにする秘けつが幾つもあると感じました。

例えば、この本には、「納得すれば前へ進める」という副タイトルが付いていますが、この本は、増田氏が大変悲しい体験（奥さんの死）を乗り越えつつあるときに書かれたものです。それは、まさに遺伝子をオンにする生き方です。そして、長年にわたる教え子との対話から、この本が作られているのもこの本の特徴です。さらに、信仰の奥深さと真理が、誰にでも分かる言葉でつづられています。これは、なかなかできないことで、大変感心するとともに、多くの気付きをいただきました。

同じ信仰につながる増田氏の書かれた本書から、前書の「ほっ」と同様に、今回も多くのことを学びました。

私は、本書を自信をもって推薦いたします。

平成十八年四月二十六日

目次

挿画　南谷節子（著者の実姉）

人を動かす

学校を終えた私は就職も決まり、希望に胸ふくらませておりました。第一印象が肝心と、入社当日、それまで伸ばしていた長い髪をばっさり切って出社したのです。

ところが、配属された部署の上司は、私のこの精悍《せいかん》(?)な姿を見て、あろうことか「髪が長い」とおっしゃったのです。むっとした私は、次の日、丸坊主にして出社しました。

上司は、私のこのささやかな抵抗に対し、「君は最近には珍しく素直な子だねえ」と、満面の笑みを浮かべてご満悦の様子でした。あてつけのつもりでした丸坊主姿を、この上司はいたく気に入ってくださったようです。

私は、当てが外れて少々拍子抜けをしましたが、人からよく思われて悪い気はしないのでそのまま放っておくことにしました。

一カ月ほどたったある日、突然上司は、「君は野球は好きかね？」と尋ねてこられました。

私は一言、「嫌いです！」と答えたのですが、上司は私の答えを聞いておられなかったのか、

「うちの部署では職員間の親ぼくを図るために野球をしてい

るから、君もやりなさい！」とおっしゃいました。私は勤務時間中なら仕方ないと思いましたが、時間外なら嫌だなと思い、「その野球は、いつやるんですか」と尋ねてみました。上司は「そりゃ、休みの日に決まっているじゃないか」と言われました。

私は、すかさず、「休みの日といえば、私の時間じゃないですか。いくら上司といえども部下の自由時間まで束縛する権利はないでしょ！」とたてついてしまったのです。

上司は私の反抗的な態度に不快感をあらわにして、「君は素直でよい子だと思っていたのに、そういう人間だったのか。

よく分かった！今後は君への接し方を考えないといけないなあ」とおっしゃいました。

そして、次の日から、仕事が回ってこなくなったのです。毎朝出社しても、周りの同僚が忙しくしているのに自分だけ仕事もなく、ただ机に向かって座っているだけの生活がしばらく続きました。

仕事がないということは実につらいものです。情けなくて何度も辞めようかと思いました。しかし、高慢で生意気だった当時の私は、この横暴で理不尽（？）な上司にしっぽを巻いて逃げ出すようなことだけは、プライドが許さなかったのです。

それから数カ月、上司との戦いは続きましたが、力の差は歴然としていました。

何とかこの状況を打破しなければ、この上司につぶされてしまうと気ばかり焦っていました。そんな日、母が教会の参拝へ誘ってくれたのです。

教会では「夕づとめ」（祈り）の後、一冊の本の中から「動かす」という話を会長様（二代）が信者さん方に読んで聞かせておられました。その内容は、

「紙が自分でコップが相手だとすると、コップの上に紙を置

いて紙を動かしてもコップは動かない。しかし、コップの下に紙を敷いて紙を動かすと、コップは簡単に動く。人も同じで、その人の下に入れば簡単に人は動くものだ」といったものでした。

当時の私にとって、この「人は動く」という言葉は魅力的でした。毎日の上司との戦いの中で、「この横暴な人を何とかしたい。この人に勝ちたい。この人の心を動かしたい」と意気込んでいたからです。

早速、「下に入る」ということの意味を考えました。そして私の出した答えは「下手に出る」という単純なものでした。

次の日から、とりあえず、「ハイ！」と「すみません！」の二言以外使用しないことを心に決めました。

当初、今までの反抗的な態度から一変した私の行動をふざけているのだと思われたようですが、根気よく続けていくうちに、あの厳しかった上司が少しずつ優しく見えてきました。

すると、私の心の中で不思議なことに、あんなに憎かった上司に対して、「ひょっとしたら、親子ほども年の違うこの人に恥をかかせていたのではないだろうか」「生意気な態度で申し訳なかった」などと、反省材料ばかり見えてきておわびの気持ちがわいてきたのです。

ある日、同僚に、「最近係長変わったよね」と話しかけました。すると「あの人が変わるわけないだろう。変わったのは君だよ。みんな驚いてるよ」という答えが返ってきました。私はその時初めて、自分の心の変化に気付いたのです。最初、上司に負けたくない、勝ちたい一心で、その手段としてとった「下手に出る」行動が、いつのまにか上司へのおわびに変わっていたことに気付いたのです。

そして、その行動を通して、私の中で上司の優しさや思いやりに気付けたのです。優しさや思いやりに気付くことができた私は幸せな気分になっていきました。

そして、あんなにつらかった職場が楽しい職場に一変したのです。心の視点を変えるだけで、今まで見慣れた景色が変わって見えるようになったのです。今まで嫌いだった人がすてきに見えたり、今まで当たり前に思っていたことが、ありがたく思えたり、身の回りの人やものが新鮮に見えてくる世界がこの心の中にありました。

見える景色は変わらなくても、心が変われば、心に映る景色が変わってきます。そんな世界があることに気付かせてくれたこの上司に感謝、感謝です。

（「ほっ」50ページ「動かす」参照）

「コーヒーブレイク」

小学校三年生の校外学習で生まれて初めて「ジェットコースター」に乗った。恐ろしい乗り物であるとうわさで聞いていたので緊張した。周りの友だちも前の手すりをしっかり握って構えている。ところが、いざ出発するとのろのろ運転。拍子抜けした私はリュックからお菓子を出して食べようとした。その瞬間猛スピードで走り出した。ひざの上のお菓子は飛び散り顔面そう白。必死で前の手すりにしがみついた。面白かったが、おやつがなくなったことは残念であった。

この一件から私は何事も一度人がやっているのを見てから挑戦する慎重な人間になった。

言葉の力

言葉とは恐ろしいものです。

もう二十五年以上も前の話です。忘年会の席上で起こった出来事です。いつもの通り、楽しいひと時を過ごし、そろそろお開きにしようと思って、若者のテーブルの方を見ると、一人の女の子がしくしく泣いています。

私は、年長で幹事役ということもあって、どうしたのか尋ねてみましたが、何も答えてもらえませんでした。お酒の席のことだから、時間が解決してくれるだろうと、のんびり構えておりました。

その後、宿舎に戻ってから、泣いていた彼女の友人が部屋にきて、彼女の涙のわけを教えてくれました。

それは一人の男の子のうそが原因でした。女の子の気を引こうと話しかけたが、あまり乗ってこないので、当時その会の指導的立場にあった私の名前を出せば彼女の気を引けるのではないかと思いついて、口から出任せに、「増田さんが君のことを、変なやつだと言ってたぞ」と言ったそうです。

彼女の気を引くことはできましたが、彼女はこんな私のことを慕ってくれていたようで、かなりショックを受け、落ち込んで泣いてしまったということでした。

　私はそれを聞いて安心しました。なぜなら私が一言、「そんなことは言ってないし、思ってもいない。今も君のことを頼りにしている」と正直に自分の気持ちを説明してあげれば解決することだと簡単に考えたからです。

　ところが、いくら説明しても彼女は、「いまさらうそだと言われても、一度聞かされた言葉は消えません。慕っていた人に変なやつだって思われていたなんて聞かされた私の悔しい気持ちがわかりますか」と訴えるのです。確かに一度聞いた言葉は消せないし、彼女の心中の悔しさを察することもできました。でも私にしてみれば、「本人が言っていないって言ってるんだから信じてほしい」と思いました。

それから、どういうわけか、この話が一人歩きをして、あちこちから、「どうしてそんなひどいことを言ったのか」と攻撃される羽目になったのです。事実を説明してもよかったのですが、言い訳をするのをやめました。それはうそをついてしまった彼や、傷ついた彼女を悪者にしてしまうようで嫌だったのです。私にとっては二人とも大切な人だから。

ある日、私をよく知ってくださっている上司から、「君はこの状況の中、これからどうするのか」と尋ねられました。私は、「よほど前の世で、言葉で人を切ってきたのだと思います。言い訳をせず甘んじてこの状況を受け、前の世の罪をわびて通ろうと思います」と答えました。

上司は、「よく言った。君が不足しているのなら少し気合いを入れてやろうと思っていたのだが、何も言うことはない。頑張れ」と励ましてくださいました。

彼女にはつらい思いをさせて申し訳ないことをしましたが、私はこの一件で、言葉の恐ろしさと、言葉の持つ力を改めて感じました。

「コーヒーブレイク」

高校一年の夏休み、仲のよい友だちと、山陰方面に予定のないロマンの旅を計画。とはいえ学生の身、二人とも貧乏である。そこで友人が「おれ童顔だから小学生で切符買っても大丈夫じゃないかなあ」と言いだした。少し無理はあると思ったが、確かに小学生に見えないでもないなと私も賛成をしてしまった。いよいよ出発。改札を抜ける時ドキドキした。半ズボンの友人は、天理駅を無事通過した。私たちは、「これはいける」と確信を持った。

車中すっかりキセルのことを忘れロマンの旅を満喫していた。目的地に着き、改札口で友だちは駅員さんに、「君、中学生だろ」と声をかけられた。友だちは真顔で、「いいえ、高校生です」と答えてしまった。

「ちょっと駅長室まで来なさい」。その一言に私たちは顔を見合わせて、

「しまった！」と観念。その後みっちりと駅長室でお説教を受けて正規の運賃を払い許してもらった。四十年も前の話だが、駅員さん、ごめんなさい。

幸せになれる公式

若いころ、所属の教会でしばらく住み込み青年（修行）をさせていただきました。この話は、教会の青年づとめを始めたころ、会長様（二代）にお聞かせいただいた話です。

「私たち信仰者はありがたい。『陽気ぐらし』をするために教祖のひながたという公式を教えてもらっています。そして日々の暮らしの中で神様から事情、身上（病気）という応用問題が出され、その応用問題に対して、教祖のひながたという公式を使って、銘々の悟りという計算式を立てて答えを出すのです。しかし、その答えは『よろこび』でなければ神様には受け取ってもらえないのです」

当時の若い私には、この「公式」「応用問題」「計算式」「答え」という言葉を使っての「陽気ぐらし」の説明は非常に分かりやすく感じました。

公式↓教祖のひながた

応用問題↓事情、身上

計算式↓悟り

答え↓よろこび

なるほどと納得しました。

以来、私はこの公式の話を信仰生活の指針としています。

しかし、この話は、時がたつほどに文字や言葉として理解することは容易ですが、実行することは難しいことに気づきます。なぜなら、ある程度教理を学べば、悟りという計算式を立てるところまでは何とかたどりつくのですが、「よろこび」という答えにまではなかなか結びつかないのです。それはここでいう「よろこび」が、自分ひとりの喜びでなく、周りの人と共に感じることのできる喜びでなければならないからです。

また、教祖のひながたを一言で言えば、すべてのことを喜びに受け取られたということに尽きます。すべてのことをよろこびに受け取るには、人を恨まないことです。人に感謝することです。

しかし、私たち凡人は自分にとって都合のよいことは喜べても、不都合なことは喜びにくいものです。

ある日、会長様（二代）から、この不都合なことを喜ぶことして、「人はみな神様からのメッセンジャーボーイ」という話をしていただきました。

それは「自分の周りの人々は皆、神様からのメッセージを届けてくれるメッセンジャーボーイ（郵便配達員）だと思ってみよう。もし自分に忠告をしてくれている人がいたら、その人が自分を責めているのでなく、その人の口を通して神様が忠告をしてくださっているのだと思ってみよう。そう考えると、忠告をしてくれる人は、自分の欠点を指摘する憎い人でなく、神様からのメッセージ(忠告)を届けてくれる大切な人ということになる。そうならば恨むどころか感謝すべきである」というものでした。

確かに郵便物が届いたとき、手紙やはがきの内容にかかわりなく、届けてくれた郵便配達の人には、「ありがとう」「ご苦労様です」という言葉しかありません。仮に手紙やはがきの内容に不満があっても郵便配達の人に腹を立てる人などいません。郵便配達の人には何の責任もなく、文句を言うとするならば差出人です。言うまでもなく、ここで言う差出人とは神様のことです。当然郵便物を届けてくれた配達員の人に腹を立てるのは、お門違いというものです。

私たちは、忠告をしてくれる人があると、その忠告をしてくれた人の人柄や立場で素直に聞けたり、聞けなかったりすることがあります。それは注意をしてくれる人が目の前の人だと思うからです。ことにその忠告をしてくれる人が自分の嫌いな人なら、例えそれが正しいことであっても、認めたくないものです。しかし、自分の周りの人の言動は、すべて至らぬ自分を少しでも成人させてやろうとの思いで届けられる神様からのメッセージなのだと思えば、腹は立たなくなります。いや、むしろ、わざわざ届けてくれて、「ありがとう」です。

これからも日々の生活の中で、神様からさまざまな事情や身上（病気）をお見せいただくことと思います。

どんな事情や身上（病気）をお見せいただいても、その中に神様からのメッセージを読み取り、常に教祖のひながたに照らし合わせて、神様にマルをもらえるような答え＝「よろこび」が出せるよう心がけたいものです。
（「ほっ」14ページ［公式］、40ページ［メッセンジャーボーイ］参照）

しおらしく優しい生き方

今から三十年も前の話です。今は亡き村上知恵典日分教会初代会長夫人（以後親奥様と呼ぶ）が、定期健診で医師から、「血圧が高いので塩分を控えるように」と言われたときの思案です。

「今日定期健診でお医者様から『血圧が高いので塩分を控えなさい』と言われました。その時、私は神様が『女としてのしおらしさに欠けている』と、ご注意くださったのだと思いました。私は料理をするからよく分かるのです。おみそ汁やサラダに、少し塩を入れると、おみそ汁やサラダがおいしくなるのです。

料理をするときの塩の役割は、素材を生かすことだと思います。自らの味を殺して、料理のうま味を引きたたせる。

この姿こそが、塩本来の在り方なのです。塩が塩として自分の存在を出した時、おみそ汁もサラダも、辛くて吐き出されてしまうでしょ。

私の今日までの生き方は、知らず知らずの間に、自分という『我』を出し過ぎて、周りの人から吐き出されるような生き方をしていたのだと思いました。今回このことに気付かせてもらってよかったです」

と、いとも楽しげにお話しくださいました。

私はこの思案を聞いて、さすがに一流の信仰者は違うものだと感服しました。「血圧が高いから塩分を控えなさい」という医師の一言で、ここまでの思案ができることに驚いたのです。

私だったら、単純に自分の体の健康のために塩分を控えた食事療法を取ることぐらいしか考えられなかったと思います。

ちょうど同じころテレビを見ていたら、

「『優しい』という字は、にんべんに憂いと書きます。『憂い』

とは嘆き、悲しみ、悩んでいるといった意味があるらしいですね。優しいという文字は、この嘆き悲しみ、悩んでいるといった意味を持つ『憂い』という文字に、にんべんである『人』という文字がそっと寄り添ってできているのです。

また、『優』という文字は『すぐれている』とも読みます。熟語では『優秀』や『優勝』といった使い方をするので、ややもすると人より知能が秀でていたり、スポーツや技術に堪能な人を指して使われるものと思われがちですが、この『優』という文字のつくりから考えると、本当の意味で優れた人間とは、目の前の嘆き悲しんでいる人や、悩んでいる人を見過ごすことができず、そっと寄り添って手を差し伸べられるような優しい人のことをいうのではないでしょうか」と語っている人の言葉が耳に入ってきました。

私はそれまで、いつもにこにこ笑顔を絶やさず、人から頼まれたら断ることができない。その上、人の嫌がることも言わず、誰に対しても親切に接することのできるような人を指して、優しいというものだと思っていましたが、この話を聞いて、本当の優しさとは、そんな形だけにとどまるのでなく、心底人の難儀を見ては放っておけず、困っている人を見ては、どうでもこうでも助かってもらいたいと願う、真実な心を持つ人のことをいうのだと教えられたような気がしました。
私も、こうした嘆き悲しんでいる人にそっと寄り添えるような「優しい」人間になりたい。また、人のためにわが身を投じて、人を生かし、人の喜びがわが喜びと感じられるような「しおらしい」生き方がしたいと思いました。

（「ほっ」64ページ「しおらしさ」、65ページ「優しさ」参照）

「コーヒーブレイク」

五歳上に気の強い姉がいる。私が小学校一年の夏、七夕の笹《ささ》を持っていく日があった。登校途中、友だちが私の笹を見て、「お前の笹、ちっちぇーな」とからかってきた。気の弱い私はじわっと目に涙がたまった。

すかさず姉は私の小さい笹を取り上げて、その友人に「小さくて何が悪いの」とお尻をバシッ。もちろん幼い友人は泣き出した。私はかばってくれた姉に感謝すべきなのに、姉の恐ろしい形相に友人と一緒にその場で大泣きしてしまった。姉はあきれた顔をして私たちを置いて一人でさっさと行ってしまった。お姉さん、ごめんなさい。

神様を身近に

昭和五十六年に結婚、翌年待望の長男を授かりました。

八月二十七日陣痛が始まり、病院へ行きました。産婦人科病棟は妊婦のうめき声と天使の泣き声でにぎやかでした。

妊婦は陣痛室へ入り、陣痛が激しくなると分べん室へ行く。その後元気な産声が聞こえてきて、看護師さんが新生児を抱いて廊下で待っている父親に、「元気な男の子ですよ」「かわいい女の子ですね」と声を掛けてくださる。新しい命の誕生という神秘の世界がそこにありました。まもなく訪れるであろうその瞬間を、私も心躍らせて待っていました。

ところが陣痛室に入った妻の様子は陣痛も治まって落ち着いてしまったのです。とうとう主治医から「帝王切開」の宣告を受けてしまいました。男の私はなすべもなく、この事態を通して、神様は私にどんなメッセージを送ろうとされているのかを探ろうと本部の神殿に足を運びました。

未熟な私が出した答えは、出るものが出てこないということから「出し惜しみ」というものでした。そして、わが家の全財産が入った妻の財布をさい銭箱の上で逆さにしました。

財布の中身のほとんどが申し訳ないことに買い物をした後

のレシートばかりだったように思います。

病院に戻って、妻に自分の考えと行動を説明して「おさづけ」（神様に助けを請う祈り）をさせていただきました。すると驚いたことに、妻はにわかに腹を押さえてうめき出したのです。すぐに看護師さんが分べん室に移動してくださいました。既に病院へ来て三十八時間が経過していました。そして無事自然分べんで生まれました。

なんと鮮やかな助けかと、ほっと胸をなで下ろしたのもつかの間、病棟内の動きが急に慌ただしくなって、はた目にも非常事態が起こっていることが分かりました。ナースステーションから看護師さんの電話をする声だけが病棟内に響きました。「心疾患。こちらの病棟では手に負えません。そちらの病棟にベッドは空いていますか」と看護師さんの悲痛な叫び。まるでドラマのワンシーンを見ているようでした。今、分べん室にいるのは妻だけです。その心疾患の主は、妻か子どものどちらかに違いありません。

まもなくして、看護師さんが、やせ細った弱々しい赤ちゃんを抱いて現れ、「男の子です」とだけ言って、出産の状態を簡単に説明してくださいました。説明によると、寒い時に唇が紫色になる状態を「チアノーゼ」と呼ぶそうです。原因は分かりませんが、赤ちゃんは全身チアノーゼという状態で生まれてきました。まさに目の前の新生児は、赤ちゃんではなく「紫ちゃん」だったのです。そのまま赤ちゃんは保育器に入れられて小児科病棟に連れて行かれました。

その後主治医から、「赤ちゃんをご覧になってお分かりいただけたと思いますが、非常に危険な状態です。仮死状態で生まれてきました。多分三日がヤマだと思います。全力は尽くしますが、期待をなさらない方がよいと思います」との報告を受けました。

早速本部神殿に行き、帝王切開を免れ、自然分べんで出産できたお礼と、今回の異常な分べんの姿から神様は私に何を伝えたいのかを探ってみようと思いました。そのときの私の頭の中には看護師さんの「心疾患」という言葉だけがぐるぐると回っていました。単純な私は、「心疾患」という言葉から、なぜか心が汚れていると思ったのです。直ぐに神殿の回廊ふきを始めました。掃除をすれば心の汚れが少しでもぬぐえるような気がしたからです。

掃除をしながら、この子のために何かしてあげたい。いや、私たち親がいたらないばかりにこの子にこんなつらい思いをさせて申し訳ない、この子のために何かさせてもらわなければばと考え、何ができるのかと考えてみました。しかし、修行の身である今の私にできることなど何一つ思い浮かびません。ところが、こんな貧乏生活の中にも一つだけぜいたくしていることに気付きました。たばこです。供えるものはたばこしかないと思いました。掃除をしながら「そうだ。たばこをお供えしよう」と決めました。しかし情けないことに、子どもの命が掛かっているというのに心の中で、「これから一生禁煙しますす」とは誓えず、「三日がヤマだとお医者さんがおっしゃっているのだから三日間の禁煙でたすけてください」などと勝手なお願いをしておりました。遠くで「一生禁煙しなさい」

という神様の声が聞こえてくるような気がしました。

やがて三日が過ぎて主治医から、「子どもの生命力とはすごいものですね。命を取り留めましたよ」と報告を受けました。大喜びした私は、すぐに神殿に行き、お礼を申し上げました。

うれしくてうれしくて、愚かな私は帰路お気に入りのたばこを購入し、家に着くなり一服したのです。三日ぶりの喫煙は格別でした。「実にうまい。これはやめられんなあ」と思っておりました。まさに一服したその瞬間電話が鳴ったのです。胸騒ぎを感じながら電話に出ました。胸騒ぎは的中しました。

「こちら小児科病棟ですが、お宅の赤ちゃん、黄だんが出て直ぐに血液を入れ替えないと危険な状態です。直ぐ来てください」という知らせでした。ショックでした。私は禁煙を三日間して助けていただいたと思っておりましたが、神様は「一生禁煙する条件で助けてやろう」と受け取っておられたのだと思うと、悔しくて残念で自分の浅はかな行動を恨みました。しかし、ふと「血液を入れ替える」という言葉が引っかかって「すいません。私も家内も同じ血液型なのですが、どういうことでしょうか？」と尋ねました。そして次に返ってきた言葉が、「ごめんなさい。人違い」と言うなり、電話は一方的に切れたのです。私はしばらく受話器を持ったまま動けずにいましたが、直ぐに喜びに変わりました。その喜びは、たばこを一服しただけで神様が「コラッ」と背中をたたいて注意してくださったような気がして、妙に神様を身近に感じてうれしかったからです。変に思われるかもしれませんが、その時「この子はきっと助けてもらえる」と自信をもってしまいました。もちろん、たばこはすぐに箱ごとごみ箱に捨てました。

あれから二十数年、出産直後、医師から仮死で生まれて酸欠状態が長かったため脳障害の後遺症が表れるといわれていましたが、ありがたいことに長男は今、後遺症もなく、元気に暮らさせていただいています。

「コーヒーブレイク」

もう一つ厳しかった姉の思い出。これも小学校一年のころ。姉の言葉は絶対である。その日も頼みもしないのに自転車の練習をしてあげるとのこと。当然子ども用の自転車などない。大きな頑丈な大人用の自転車である。

坂の上の小さな広場でスタンドを立てたまま自転車にまたがり、自転車を左右に揺らしてハンドル操作を教えてもらった。ペダルにはまだ足が届かない。

坂の上に連れて行かれた。その坂はゆるやかではあるが、百メートルはある。「お姉ちゃん、まさかいきなりこの坂で練習するのと違うよね」

姉「心配せんでええよ。うちが後ろか支えてるから」

逆らっても無駄である。姉を信じよう。いよいよ出発。自転車は動きだした。私は確認をする。「お姉ちゃん、ちゃんと持ってくれてる?」

姉の「大丈夫。持ってるから」と言う声。私は何度も何度も「離さんといてな」と確認をしながら進んだ。やがて姉の「大丈夫やで。持ってるから」という声が小さくなっていった。そして私は坂の下の田んぼに頭から突っ込んだ。田んぼから顔を出すと坂の上で姉がにこやかに手を振っていた。
お陰で足が届かなくても大人用の自転車に乗れるようになった。
お姉さんありがとう。

教祖《おやさま》に抱《いだ》かれて

母は熱心な信仰者でした。小さなアパートで布教所の看板を上げ、親子で頑張っておりましたが、私が結婚して子どもができたのを機に、「こんな小さい家に女は二人も要らん」と言って、自ら所属の教会に住み込んで、もっぱら教会のご用（仕事）につとめてくれておりました。

そんな母が、教祖百年祭（教祖が現身《うつしみ》を隠されて百年）活動に教内が勇み立っている最中倒れたのです。

昭和六十年一月二十一日、当時私は通いの教会青年をしておりました。その日もいつも通りに教会の朝づとめに参拝に行きました。母は「おつとめ」が大好きで、教会に住み込む以前から、朝は本部へ、夕は教会へと日参を欠かしませんでした。そんな母が、朝づとめに居ません。おつとめの後、母の部屋をのぞいてみました。いつもの元気な母からは想像もつかない姿がそこにありました。

「どうしたの?しんどいの?」と尋ねてみました。母は無言で首を縦に振りました。今まで、弱音など一度も吐いたことのない母が弱音を吐いたのです。

私は年老いた母を背負って車に乗せ、病院へ行きました。診察は点滴を受けるという簡単なものでした。少し元気になった母を教会へ連れて帰りました。

明くる日、また朝づとめに母の姿がありません。部屋をのぞいてみると昨日と同じ状態でした。また病院へ連れて行きました。処置は昨日と同じでした。

帰ろうとしたとき、一人の医師（後で血液の専門医であることが分かった）が通りかかり、受付のカウンターにおいてある母の血液検査のデータをご覧になって「これは誰のものですか」と尋ねられたのです。事務の方が「そちらのご婦人のものです」と答えられると、その先生はすぐ入院の手続きをするよう指示されました。

夕刻、母の入院に必要なものを持ってきた私に、主治医から、「お母さんは血液のがんです。よほどの奇跡でも起こらない限りあと三カ月です」と宣告されました。返す言葉もありませんでした。帰路、車の中で涙が出て止まりません。今日までまじめに一生懸命生きてきた母を、なぜこんな目に遭わせるのですかと初めて神様に文句を言いました。

次の日から母の闘病生活が始まりました。幸い、私は教会の青年づとめをしている最中で時間の融通が利いたので毎日付き添うことができました。

穏やかな闘病生活でした。個室で無菌室にもかかわらず、母は、「ここは眺めもいい(三階)し、食事も運んでいただいて、先生も看護師さんも優しいし、本当に最高だわ。私ね、退院したら思い切って布教に出ようと思っているのよ。あなたも一緒に行こうね」と無邪気に喜んでおりました。実際に担当の医師も看護師も誠実で優しい方ばかりです。いつもにこにこしている母に、「増田さんのところに来ると、反対に励まされます」とおっしゃってくださっていたのを思い出します。

図らずも結婚してから、こうしてゆっくり母との時間を過ごすことがなくなっていたので、毎日、母と信仰談義に花を咲かせ、親子水入らずの時間を楽しむこともできました。

そして、その日は突然にやってきました。四月十五日の夜、いつものように部屋を掃除しておりましたが、とめどなく涙があふれ、意味もなくロッカーの中の母の荷物の整理をしている自分がおりました。

明くる日、昼前に母が「うっ」と苦しそうな表情をしました。看護師さんに連絡を取ると、すぐに主治医の先生と若い医師が来られ、部屋は開け放たれて、機材が持ち込まれ、処置が始まりました。

私は、別れのときが近付いていることを感じ、家族と教会に連絡を取りました。

昼すぎ、主治医の先生から、「家族に連絡してください」と言われました。

「もうそろっております」と答えて、病室に入り、皆で母を囲むようにベッドの周りで見守りました。

母の口から酸素マスクがはずされました。その瞬間、母は穏やかな顔になり、静かに目を開けて、笑みさえ浮かべながら私たちを見回しだしたのです。私は奇跡が起こったのかと思い、「お母さん、お母さん」と叫びました。

母はベッドの周りの人を見回しながら、三カ月お世話してくださった主治医の先生に手を差し伸べて「ありがとうございました」と一言言って、静かに目を閉じました。

主治医の先生が時計をご覧になって、涙を浮かべながら、「一時五十九分です」と報告してくださいました。

その直後、二時のサイレン（天理の町では教祖が現身をお隠しになられた時刻に毎日サイレンが鳴る）が鳴り出したのです。私はうれしかった。それは母の生前の夢が「夢まくらにでも教祖にお会いしたい」だったからです。母は教祖に抱かれて出直し（死）ていったのだろう。心の中で母に、「お母さん夢がかなってよかったね」と声をかけました。

そして、母の最期の言葉が、私たち家族にではなく、主治医の先生へのお礼の言葉であり、二時のサイレンとともに息をひきとる姿に、妙に母の最後が誇りに思えたのでした。

「コーヒーブレイク」

母は熱心な信仰者であり、しっかり者であったが、結構慌て者でもあった。

ある冬の朝、いつものように本部の朝づとめに出掛けた母が、ハーハー息を切らせ真っ赤な顔をして引き返してきた。どうしたのかと聞くと、歩いていると擦れ違う人がじろじろ見るので不思議に思い、ショーウインドーに映った自分の姿を見て驚いて帰ってきたのだという。

そういう母の姿は、スラックスをはき忘れてもも引き姿であった。

あらためて母の姿を見て大笑いをしてしまった。お母さん、ごめんさい。

心の基準

リリーン！リリーン！

「先生、大変です。優香ちゃんが車に巻き込まれて病院へ運ばれました！すぐ帰ってきてください！」

信者さんのお宅で「おつとめ」を終えたところに、職場の同僚の先生から突然の連絡が入りました。

小学校に入ったばかりの末娘が交通事故に遭ったというのです。今朝、登校前に「今日のお出かけは、友だちと遊んでお家で待っていてもいいでしょ」と言うので、気掛かりではありましたが、置いて夫婦で出かけての出来事です。

急いで帰宅しました。娘は既に病院のベッドの上にいました。娘に近付き「ユカ!・ユカ!・」と声を掛けました。娘は静かに目を開けて、大きな目から大粒の涙を一筋流したのです。

「生きていた。生きていてくれた!」それだけでうれしかった。その後、いろんな検査をしてくださいました。医師から、「増田さん、奇跡ですよ。あれだけの事故に遭いながら。脳波、内臓、骨に異常がありません」と報告を受けました。

事故の状況は、横断歩道を手を挙げて渡っていた娘に、ワゴン車が突っ込んできたのです。

運転手は気の弱そうな老人でした。その時ちょうど、左側の歩道には幼稚園バスを待っているたくさんの親子連れがおられたそうです。運転手は、そちらの方に気を取られて、右から歩いてきた子どもに気付かれませんでした。そればかりか、ぶつかったことすら気付かれず、そのバスを待っているお母さんたちの叫び声に驚いて停車をされたようです。

病院の待合室で老人は、放心状態でした。

私は老人に近付いて、「私は娘の命を助けてもらいました。あなたは被害者が死に至らなくてよかったですね。お互い大難を小難にしていただいたことを喜ばせていただきましょう」

と声を掛けさせていただきました。

老人の顔に血の気が戻り、安どの様子がうかがえました。

老人は、「そんな風に言っていただけるとありがたいです。ありがとうございます」と、…………

娘は事故現場に居合わせた人たちから「もう駄目だ！」と思われるような大事故にもかかわらず、奇跡的に二十針ほど縫うけがはしたものの、その程度で済ませていただきました。

とはいえ、完治するまでに一年有余の年月を要しました。その間、加害者の老人は毎月子どもの好きそうな食べ物を持って、お見舞いに来てくださいました。

あの時、この老人を責めていたら、こんな穏やかな人間関係はなかったように思います。

実は、私が娘の事故に遭遇して、なぜこんなに冷静でいられたのか。その裏には、教会の青年づとめ時代の経験が生きていたのです。

ある日、信者さんの引っ越しの手伝いに親奥様（典日分教会初代会長夫人）と一緒に行ったときのことです。信号待ちをしていた私の車に、八トンのミキサー車が突っ込んできて、前で停止していた引っ越し用の八トン車との間に挟まれたのです。ぶつけた運転手は、乗用車の中の人は死んだと思ったそうです。

驚いたことは、ぶつけられた瞬間、助手席に乗っておられた親奥様が、私に、

「不足してはいけません。不足をしたら体に現れますよ」と何度もおっしゃったのです。それで私も、「不足をしてはいけない」と何度も自分に言い聞かせておりました。

おかげで私は不足もせず、無傷で済みました。

もっと驚いたことは、この後の親奥様の言動です。

ミキサー車の運転手は積み荷を下ろして必ず戻ってくるからと、その場を去っていきました。

夕刻、ミキサー車の運転手が教会に現れました。親奥様は玄関でエプロンをはずし、正座に三つ指を突いて
「あなたは命の恩人です。あなたがもう数秒ブレーキを踏むのが遅かったら、私たちは出直し（死）ておりました。本当にありがとうございました」

と深々と頭を下げてお礼を言われたのです。

わが目と耳を疑いました。今、目の前に立っている男の人は加害者で、頭を下げている親奥様は被害者なのです。加害者の男の人は、意外なお礼の言葉に恐縮しておられました。

私はこのときの親奥様の対処に感動したのです。加害者を

責めるどころか、お礼の言葉をかけられる親奥様の姿が、神々しくさえ見えました。

それ以来、私の脳裏からこの光景が離れなかったのです。あれから二十年、わが娘が交通事故に遭って、あの光景が鮮明によみがえってきました。

私がこんなに穏やかに対処することができたのは、まさにあのときの親奥様の姿が生きていたからです。

親奥様が出直しを基準にされて、命があったことを喜ばれたひながたが、私の娘の事故を通して、大難を小難と喜べる種になったのです。

心の基準をどこに置くかで、喜び、悲しみに大きく分かれることを教えていただきました。

無難を基準にするから、ちょっとしたことが不足になります。

大難を基準にすれば少々のことは喜べるものです。

（「ほっ」24ページ［難］参照）

「コーヒーブレイク」

中学校二年生。バレーボール部に所属。その日はキャプテンになって初めての大事な新人戦の日であった。

先輩もいなくなってわれわれ二年生は浮足立っていた。誰かが「おい、電車のドアって手で止めてたら閉まらんのかなあ」と素朴な疑問を投げかけた。誰かが「一度やってみたら分かるよ」と言った。

その意見に皆は納得した。やがて発車のベルが鳴り、私たち数人は必死でドアを押さえた。ドアは閉まらなかった。皆満足げに顔を見合わせた。次の瞬間けたたましい笛の音。駅長室に呼ばれて説教。遅れて試合会場に到着。ぎりぎり試合には間に合ったが、顧問の先生カンカン。試合ボロボロ。先生ごめんなさい。

消えた石

これはまだ私がまだ天理教校専修科という学校で職員をしていたころの話です。生徒たちとともに本部の中庭で秋の霊《みたま》祭の参拝をしていたときのことです。

にわかに差し込むような痛みを腹部に感じました。しばらくかがみこんで様子を見ておりましたが、額から脂汗がにじんできて、一向に治まりません。

たまりかねて、そのまま病院へ行きました。

診察の結果、「尿路結石」でした。「これは痛いでしょう。

こんな大きな石が引っかかっているのですから」とレントゲンを見せてくださいました。確かに大きな石が映っていました。

利尿剤をいただいて様子を見ることになりました。それから数日間、時折襲ってくる痛みに耐えながら生活をしておりました。

三日ほどたったある日、本部神殿にて朝づとめの後、拝をしている最中、またもや襲ってきた痛みに涙が出てきました。心の中で神様に「私も結構頑張っているつもりですが、そんなに私の生き方は駄目なのでしょうか」と恨み言を言いながら、悔し涙を流していました。そして次に別の角度から思案してみました。「神様にとって私もかわいい子どもに違いない。そうならばかわいい子どもにこんな痛みを与えなければならない神様の悲しみはどれほどのものか」と考えたとき、申し訳なさで胸がいっぱいになりました。そして、おわびの涙でズボンがぬれました。

しばらくして、下腹部の痛みが消えていることに気がつき、何度も痛かった場所を押さえてみましたが、うそのように痛みはなくなっていました。以後痛みはきませんでした。

後日、予約してあったので病院へ行きました。レントゲンを撮ってくださいましたが、やはり石は消えていました。先日のものと並べて医師が、「痛かったでしょ。こんな大きな石が流れたのですから」とおっしゃいました。

私はここで「実は消えたのです」などと説明しても信じてもらえそうにないので、「はい。痛かったです」とだけ答えて病院を後にしました。

感動でした。私が神様におわびを申し上げたあの瞬間に消えたのです。

このように神様へのおわびができた裏には、教会の奥様（典日分教会二代会長夫人）の体験談がヒントになっていました。

奥様は今から二十年も前のことですが、「乳がん」の宣告を受けられました。

その時奥様は、平然と、「これが私の寿命です。神様からお借りしたこの体、借りものの体に傷を付けずにこのままお返ししたい」とおっしゃっていました。ご家族は一日でも長く生きていてほしいと手術することを願われましたが、奥様の意志は固かったようです。

ところが、そんなある日、奥様の親しい友人から、「あなたも大変でしょうが、かわいい子どもであるあなたにこんなつらい思いをさせておられる人間の親としての神様の悲しさ、悔しさはどれほどのものでしょうね」と声を掛けられたそうです。

その時奥様は、頭を強くたたかれたような衝撃を受けられ、「神様、申し訳ございませんでした。自分の立場でしか考えておりませんでした。こんな私でも、まだご用に使っていただけるのならお使いくださいますか」と手術を受けられる覚悟を決められたそうです。現在、奥様は以前にも増してお元気で日々教会用務に励んでおられます。

当時、この話を奥様から聞かせていただいたとき、私自身も心に大きな衝撃を受けました。神様のメッセージが親の思いを酌むというところにあったのかと驚いたのを今も覚えています。

私たちはつい身上（病気）をいただいたら、自分自身の身上（病気）を治していただくことばかり考えてしまいますが、こうしてしかってでも、幸せに導いてやろうという親心に気付くことができなかった自分を、わびる姿があったなんて気付きもしませんでした。

当時、私は多くの生徒さんをお預かりし、お世話をしている自分に自己満足しておりました。そして、感謝されることばかり期待していたように思います。感謝されることばかり願っていた自分が、一番神様への感謝を忘れていたように思いました。
　私はこの「尿路結石」という身上（病気）を通して、身上（病気）や事情をいただくことが、ちっとも怖くなりました。身上（病気）や事情を通して語りかけてくださる神様のメッセージさえきちんと解読すれば、神様はそれなりの結果を出してくださるのだと確信したのです。

「コーヒーブレイク」

私の大好きな小話を一つ。鳴門の渦潮という話。

「渦潮を避けながら遊覧船が走っている。デッキではしゃぎすぎた幼い子どもが海へ転落してしまった。船上は大騒ぎ。そこへ船後方より老人が海へ飛び込んだ。船上の人々、老人の勇気に大喝さい。ところが体力に限界あり。老人と幼児危うし。そこへ運よく救援艇が現れて、すんでの所で二人を救出。

そこへ記者とカメラマン登場。記者は老人に、「人のことなど考えない人が多くなった現代の世の中、あのカメラで全国の皆さんにおじいさんの勇気ある一言を、どうぞ！」。おじいさん、記者の持っていたマイクを取り上げて「誰や！後ろから押したのは！」と叫びました。

チャンチャン。失礼しました。

緊張と意識

無緊張や無意識という言葉がありますが、これは緊張がないとか意識がないという意味ではないようです。それらの行動や意識の中に、無緊張の緊張、無意識の意識というものがあるというのです。

例えば、新生児が時間とともに成長して、寝返りをうち、はいはいをし、つかまり立ちをするようになります。そして、よちよち歩きをするようになります。新生児にとってこの両足で立つという行為は、大変な緊張が必要なのだそうです。

そしてその緊張を続けることで、いつの日か無緊張で立てるようになっていくらしいのです。

このことは新生児に限らず、成人になってからでも、事故などで長い間ベッドの上で生活を余儀なくされた人が、久しぶりに歩こうとするとき、立つという行為がかなりの緊張を要することは、リハビリをしている人の姿からも容易に想像ができます。

またわれわれ凡人は、常にわが身のことばかり考えて、意識をせずに人に喜んでもらえるような言動をとることは難しいように思います。日常生活の中で、われわれの口から出る言葉は、意識しなければ、不平不満ばかりです。

教祖のひながたは、すべてが人のためであり、すべてが人への思いやりに満ちあふれています。

こうして考えると、われわれは、無緊張のまま、自然に仕事ができるようになったり、無意識に暮らしながらよい人になることは難しいように思われます。

慣れた仕事は楽ですが、慣れない仕事を始めるときは、必要のない筋肉を使ったりして肩が凝ったりするものです。

例えば、事務仕事ばかりしていた人が、いきなり肉体労働をすると、体中が痛くてたまらなくなり、反対に、肉体労働ばかりしていた人が、ある日突然ネクタイを締めて事務を執ることになったら、たちまち頭が痛くなるでしょう。

だからといって、途中でやめてしまうと、何も身に付かないし、人からの信頼もなくしてしまいます。

また、人に喜んでもらうような言葉かけや、行動は相手のことを考えていないとなかなかできるものではありません。無意識に出した自分の言葉に人は傷つき、人からさりげなく言われた言葉にうろたえる自分がいます。

仕事もできないよりできた方がよいに決まっているし、人には厳しいより優しい方がよいに決まっています。

でも、緊張もせず、意識もせずにいろんな仕事ができるようになったり、人から愛される人になることは、よほどの環境の中で育ってきた人間でない限り難しいように思います。それならば、新しい仕事や苦手な仕事を任せられたら、それから逃げずに、緊張しながら続けてみましょう。いつの日か無緊張でできる日がきっと来るはずです。

新しい人や、苦手な人が目の前に現れたら、その人たちから逃げないで、意識しながらその人たちを好きになってみましょう。いつの日かその人たちから感謝され、その人たちのことを好きになれる日がきっとやってきます。

緊張することを無緊張にするためには、少し自分に無理をすることです。意識しなければできないことを無意識にできるようにするには、少し自分に無理をすることです。

無理とは、理が無いと書くから、そんなことはしても無駄だと解釈する人もいますが、私は少し無理をすることで、無理の無が取れて理ができるのではないかと思っています。

理ができれば、どんな仕事も緊張せずにできるようになり、どんな人にも意識せず親切にできるようになると思います。

無理の無を取る努力が、少しでも教祖に近付く歩みになるのではないでしょうか。


（「ほっ」90ページ［緊張と意識］参照）

失って気づく

平成十三年一月十三日、昼前に、長男から職場に「お母さんが倒れている」と連絡が入りました。救急車を呼ぶように指示をして、急いで家路に就きました。

救急車とほとんど同時に到着しました。倒れている妻を抱きかかえ、「啓子、啓子」と声を掛けましたが、反応がありません。救急隊の方が妻の呼吸や脈をみられましたが、なぜそんなことをしておられるのか理解できませんでした。そして無線で「心肺停止」と報告されたのです。そこで初めて事の次第を理解しました。

救急車の中で「おさづけ」（神様に助けを請う祈り）をさせていただきました。すると、心臓が動きだしたのです。何という奇跡を見せてくださるのだろうと驚きました。しかし、病院で担当医師から「心臓は動きだしましたが、既に脳死状態ですから、心臓が停止するのは時間の問題です」と告げられ、がっくりしました。

気を取り直して、子どもたちを迎えに帰宅しました。

部屋では子ども四人が、無言でこたつに入って私の帰宅を待っていました。

私の報告に子どもたちは泣きました。さすがに子どもの泣き顔を見るのはつらかった。涙をこらえ「さあ、みんなお母さんにお別れに行こう」と言って、病院へ連れて行きました。妻は、既に病室に運ばれてベッドの上にいました。

何気なく妻の体をさすってみると紫斑が消えていくのです。子どもたちに「皆、こっちへおいで。お母さんの体さすったらきれいになるよ」子どもたちもベッドの周りに集まってきて体をさすってくれました。

そして、三時八分、家族に見守られながら安らかに出直して（死）いきました。

朝、元気に送り出してくれた妻が、夕方五時すぎには冷たくなって帰宅したのです。

その夜、妻の横に床を取って休もうと思うのですが、眠れません。悲しくて眠れないのではなく、明日からの生活の不安から眠れないのです。

当時、高校三年生を頭に、高校二年生、中学一年生の息子。そして小学二年生の娘がおりました。子育てをすべて妻に任せていた私にとって、頭の中に次から次へと子育ての不安材料ばかりが浮かんできて、到底眠れそうにありません。

子どもたちの部屋をのぞくと、長男と次男が起きて座っていました。部屋に入ってため息交じりに「大変なことになったなあ」とつぶやいたら、それまで気丈に頑張っていた長男がせきを切ったように泣き出しました。耐えていたのでしょう。私も涙がこぼれました。

そして長男が泣きながら、「お父さん頑張ろう。僕たちも手伝うから頑張ろう」と言ってくれたのです。私はその時、初めて子どもたちがこんなに大きく成長していることに気が付きました。うれしかった。改めて子どもの成長を知り、頼もしく思え、勇気がわいてきました。

そして私の子育てがスタートしました。妻の仕事が、こんなにもハードだということを初めて知りました。

あれから五年。本当に泣き言を言うまもなく、時が過ぎていきました。

今こうして平然と、妻の出直し(死)を語ることができるのも、何事も喜びに変えることのできるこの信仰のお陰なのです。

あれから必死で喜び探しをしました。すると、こんな悲しみの中からも、たくさんの喜びを見付けることができました。

まず、四十八歳という若さで出直し(死)た妻は、私や子どもの心の中で永遠に四十八歳の若い妻であり、若い母でいてくれるということ。また、家事をする中、改めてこんな大変なことを二十年間もしてくれていたのだと感謝の気持ちがわいてくること。さらに、子どもの成長を母親の立場で考えることなどしたことがなかった私が、子どもの元気に「行ってきます」や「ただいま」という何気ない姿に喜びを感じることができるようになったこと。また、子どもたちも、助け合いや思いやりという心が育ってきたこと。数え上げればきりがないほどの喜びに気付きました。

私は今、強がりかもしれませんが、妻を亡くした悲しい男ではなく、妻を亡くして、父親の喜びだけでなく、母親の喜びも手に入れたラッキーな男であると自負して生きていきたいと思っています。
今、心を込めて妻に、お礼を言いたい。
二十年間楽しませてくれてありがとう。すてきな子どもを産み育ててくれてありがとう。あなたは姿はなくても、私たちの心の中でこれからも永遠に生き続けます。

「コーヒーブレイク」

妻は、かわいくて賢くてユーモアのある女性であった。ただ一つ、子どもを産むたびに五キロずつ肥えていくのが気になっていた。ある日「ちょっと太りすぎじゃないのか」と言ったら、「あなたが冷たいから、不満が肥満になったのよ」とかわされた。うまいこと言うなあと感心した。ごめんなさい。

本当のご守護

私たち信仰者がよく使う言葉の中に「ご守護」という言葉があります。

信仰生活の中に浸透しているこの「ご守護」という言葉に対して、いつごろからか、少し違うのではないかと思い始めたのです。

私たちはこの「ご守護」という言葉を「ご守護いただいた」とか「ご守護いただけなかった」、また「そんなことをしていたらご守護いただけない」「ご守護いただけないだろうなって思っていた」などといった使い方をしています。

でもよく考えてみると、ご守護くださるのは神様です。私たち人間の親である神様が、子どもである人間に対して、ご守護くださるときと、くださらないときがあるのだろうかと思い始めたのです。

私にも子どもが四人いますが、みなかわいい子どもたちです。子どもたちは一人ひとり性格も違えば、得意なことも違います。でも親として掛ける愛情に区別はありません。

私自身、日常生活の中で、病気が治ったり、もめ事が解決したときに、「身上のご守護をいただいた」「事情のご守護をいただいた」などと使ってきました。

確かに、病気が治ったり、事情が治まることはありがたいことです。しかし、こんな風に人間の目にうれしいことばかりが「ご守護」で、今現在、病気の人や、事情の真っただ中にいる人は神様からの「ご守護」はいただいていないと言い切れるのでしょうか。

私の姉は、現在リウマチで寝たきりです。しかし、姉はいつもベッドの上から満面の笑みを浮かべて、私を迎えてくれます。そして、「子どもたちは元気？あなたも無理をしないでね」と元気な私をねぎらってくれるのです。私はその寝たきりの姉の言葉から勇気をいただいています。

姉は大きな身上をいただき、私は大きな事情（妻の死）をいただきました。世間の人は私たち姉弟の姿を見て、「気の毒な姉弟」と思うかもしれません。

人の世話が大好きだった姉の寝たきりの姿を見て、決してうれしいとは思いません。しかし、姉の笑顔を見ていると、長い闘病生活(約十年)の中から、自らの失った健康より、今優しいご主人や娘たちの介護を受けて、助け合う家族愛を喜んでいるように見えるのです。

私もまた、妻を失った悲しみは大きいし、当初、突然のしかかってきた家事一切。何もかも戸惑うことばかりでしたが、時を重ねて、失うことで気付けた妻の偉大さ。と同時に感謝の気持ち。また、子どもたちの成長がうれしいと思えるようになりました。

こんな経験を通して、私たち姉弟は、「形の上（人間の望む姿）では、ご守護いただけなくても、心は助けていただいたね」といつも顔を見合わせては喜んでいます。

姉とこんな会話をしながら、ふと「本当のご守護の姿とは、こうした姿をいうのではないだろうか。たとえ人間の目から見て不幸に見える姿でも、そこに喜びを見つけることができる心。そんな心こそがご守護いただいている姿というのではないだろうか」と思うようになったのです。

そんな風に考えていると、姉の身上も、私の事情も、ありがたいことに思えてくるから不思議です。

今まで自分が、何不自由なく結構にお連れ通りいただいていたときには気付かなかった、神様からの「ご守護」（与え）。ある中で気付ければよかったのだが、ある中では気付けませんでした。

健康を、家族をなくしてから気付けた「ご守護」。

でも遠回りしても、気付けてよかった。今、失ったものへの感謝（今まで使わせていただけたことに対する）と、今の与え（普通の人よりは少なくなったかもしれない形）を喜べる心ができたことが、私たち姉弟にお与えいただいた、神様からの最高のご守護(与え)であると胸を張って言いたい。

ご守護とは、単に身上たすかり、事情たすかりの姿ばかりでなく、究極のご守護の姿とは、心たすかりにあるのだと思います。

「コーヒーブレイク」

最後に愛すべき姉のエピソードを載せて終わりにしよう。姉は気は強かったが、怖がりであった。私が幼いころトイレは外にあった。

夜トイレに行くときは必ず二人で行った。姉は用を足している間、話しかけてくる。私がちゃんと居るかどうか確かめているのだろう。私はそれにいちいち返答をしなければならない。ある日私は、姉の声がよく聞き取れなかったので、「なに?」と聞き返したら、姉は急に笑い出して、出てくるまで大笑いしているのである。何がそんなにおかしいのか尋ねると「だってあんたったら私のオナラに返事するんだもの」と言ってまた笑い出した。私も大笑いをした。

もう五十年も昔の話だが、毎日姉のお尻にくっついて回っていたあのころが懐かしく楽しく思い出される今日このごろである。

あとがき

勧められるままに出版した「ほっ」が、多くの皆さまにご愛読いただきありがとうございます。このたび、次作を書いてみませんかとお声をかけていただきました。物書きの経験など皆無で、これまでにたくさんの本を読んだという実績もない無知の私が、こんなことをさせていただいてよいものかと恐縮しながら筆を執りました。

今回、出版した「こころ」の表紙と挿絵は、文中にも登場する私の大好きな姉の作品を使用させていただきました。姉は現在、

「リウマチ」で長い闘病生活を強いられております。

今はもうペンを持つこともできなくなりましたが、数カ月前まで手に綿棒をくくり付けて絵を描いておりました。

この作品はベッドの上で書きためたものです。病魔と闘いながら、よくこんなやわらかく温かい絵が描けるものだと感心します。

時間とともに体の自由が利かなくなっているようです。気丈で優しい姉は、自分の体が動かなくなる日を待つのでなく、少しでも動く体と声を使って、私たち周りの者に気を配り、心配りをして、楽しませてくれています。この本の出版が姉の元気につながればと願っています。

今回も、出版の機会を作ってくださった善本社のスタッフの皆さんと、お忙しい中推薦文を書いてくださった村上和雄先生に心からお礼を申し上げます。

ありがとうございました。

そして、この本を読んでくださった皆さんが、少しでも穏やかな気分になっていただければ幸いです。

平成十八年十月二十六日

著者略歴

ますだ まさよし
（増田正義）

昭和27年１月鹿児島県生まれ。
昭和31年以降、奈良県天理にて育つ。
昭和51年より平成19年まで、天理教教会本部に勤務する（少年会本部、天理教校専修科、教化育成部三日講習課）。
現在：天理教典日分教会　三代会長
住所：〒632-0017　奈良県天理市田部町 554
著書：「ほっ」「まこと」「納得の日めくり」「ことば」「さとり」「あかり」（以上、善本社刊）

こころ
納得すれば前へ進める

平成十八年十月二十六日　初版発行
平成三十年九月二十六日　八刷発行

著　者　ますだまさよし
発行者　手塚容子
印刷所　善本社製作部

〒一〇一－〇〇五一　東京都千代田区神田神保町
二－十四－一〇三
発行所　株式会社　善本社
TEL　〇三－五二一三－四八三七
FAX　〇三－五二一三－四八三八

ISBN978-4-7939-0440-0　C0214